Frontispiece:
one of the canal bridges
at the junction of the
Keizersgracht and the
Reguliersgracht.

Titelplaat:
een van de bruggen over de
grachten bij de kruising van
de Keizersgracht en de
Reguliersgracht.

Frontispiz:
Eine der Brücken über die
Kanäle am Kreuzweg der
Keizersgracht und der
Reguliersgracht.

Frontispice:
un des ponts sur les
canaux où se rejoignent
le Keizersgracht et le
Reguliersgracht.

AMSTERDAM

Photographs by Bryce Attwell
Introduction by L. C. Schade van Westrum

Foto's van Bryce Attwell
Inleiding door L. C. Schade van Westrum

Photographien von Bryce Attwell
Einleitung von L. C. Schade van Westrum

Photographies par Bryce Attwell
Introduction de L. C. Schade van Westrum

Spring Books

The Publishers wish to thank the
Amsterdam Tourist Association (VVV)
for their kind help with the preparation
of this book.
Grateful acknowledgment is also made
to Martin Secker & Warburg Ltd
and Harcourt, Brace & World, Inc. for
permission to quote from Lewis Mumford's
The City in History.

Published by Spring Books for
THE HAMLYN PUBLISHING GROUP LTD
London/New York/Sydney/Toronto
Hamlyn House, The Centre,
Feltham, Middlesex
© Copyright 1968 by
The Hamlyn Publishing Group Ltd
Printed in Czechoslovakia by TSNP Martin

Contents

Inhoud

Inhalt

Table des Matières

Introduction

Portraits of the beloved are always
captivating. Crayon, brush and lens reveal
hitherto unobserved features in the familiar
countenance. With every new picture there
is fresh joy in the recognition. The richer t
subject, the more portraits we demand. So
through the centuries Amsterdam has sat
patiently as model to one artist after
another. Her face bears the marks of a full
life; her birth certificate was signed in 127

The original fishing village took only two
centuries to grow up into a medieval town
whose flag fluttered at the masthead on
many distant oceans. Trade and seafaring
brought the treasures of the world within
her walls. Not many more years were to pa
before Amsterdammers were casting ancho
off the coasts of rich Indian islands. The
bells pealed out from the churchtowers at
their homecoming (1597) and the beams o
the great warehouses groaned under the
burden of costly spices.

This freedom-loving city has been a safe
haven for the persecuted from far and near
Protestants from the South; Jews from
Poland, Germany and Portugal; Pilgrim
Fathers from England. All of them made
a powerful contribution to the city's
heyday, the seventeenth century. Material
prosperity spurred art and science on to
unprecedented heights. Painters made their
contemporaries immortal in the museums
of the world. In this Golden Age the city
was encircled by three rings of canals, alon
which the merchants built their palatial
houses. The fairy-tale lasted for a century
and a half, long enough to set a lasting
stamp on this fortunate city.

But still more remarkable is the resilience
with which Amsterdam later recovered from
a temporary decline. As the Zuider Zee
gradually silted up, the North Sea Canal,
cut straight through the dunes with the
world's largest locks, saved the port from
certain death in 1876. Today Amsterdam i
the only city which, as early as 1935,
possessed an overall municipal expansion
plan that extends to the year 2000.

The intermingling of past and present ha
such an inspiring effect that travellers from
many lands have produced enough books
about Amsterdam to fill a library. And the
Dutch themselves never tire of praising
their city in prose and poetry, impelled by
that same love that welds the 850,000-odd
Amsterdammers into one great family.

The authorities have no easy time as
head of the household: their rule is often
exposed to fierce criticism. The
Amsterdammer is quickly roused, but
equally quickly restored to serenity by his
disarming sense of humour. The heart of
the city — the Dam — seethes with life and
activity all day long. But when on the
evening of 4 May the clock on the royal

palace strikes eight, no sound is heard but the beat of pigeons' wings above the great concourse of people: the city is reverently remembering those who fell in the last world war, to whom the national monument in the square was erected. Next day a noisy group of boys and girls is sitting at the foot of that same monument, sunning themselves beside the wreaths and flowers placed there on the previous day. The royal palace, on its 13,659 piles — built as the town hall in the seventeenth century — is a riddle in itself: the queen lives in Soestdijk, the government sits in The Hague and the capital of the country is... Amsterdam.

A city of surprises. Where else have some 2,000 acres of woodland been planted for the inhabitants of a port, on reclaimed land twelve feet below sea level? What other country's chief industrial town has forty museums? The chiaroscuro of Rembrandt in the Rijksmuseum is only a few hundred yards from the brilliantly coloured world of Karel Appel in the Stedelijk Museum. At the shipyards one ocean-going vessel after another comes on to the stocks. Elsewhere a diamond-cutter holds his breath as he grinds fifty-eight facets on a diminutive brilliant weighing a quarter of a milligramme. At Schiphol Airport, the day before yesterday is the distant past, but deep in old Amsterdam the centuries shrink to insignificance. Officials and individuals cherish the old architecture — a symphony of wood and brick — with loving restoration work. The Amsterdammer does not find it at all strange that a centuries-old building, thus rejuvenated, should then be equipped as a television shop, for he likes to play tag with time. The most progressive of the young lead the battle to keep the old city inviolate. The Amsterdammer shops in the supermarket, to be sure, but he is happier in the crowded street markets, and happiest of all in the old-fashioned specialist shops, where the sunlight is reflected on copper weighing scales. He runs to buy the latest newspaper (fresh from the press), or makes the find of a lifetime after rummaging for hours through a dusty antique shop, full of yellowing books and prints.

Towards the end of the year he leaves the Christmas trees in the big stores, and chooses with his family from the ancient Christmas tree market on the Singel. He can be oblivious of time on one of the many café terraces, or run like a hare to post a letter in the box on the back of a rapidly vanishing tram. He derives great enjoyment from his famous Concertgebouw Orchestra and would not miss his hurdy-gurdy in the street for all the tea in China. He can savour foreign dishes in an elegant restaurant and polish off his herring with equal relish at the stall on the arched bridge. He can amuse himself on the dance-floor of a chic nightclub and sit quietly behind his beer in a shabby pub with sand on the floor. He can live happily in the suburbs amid steel and concrete, but is fascinated by the old city, perhaps by a door that creaks open on to a hidden courtyard.

In every way, Amsterdam life is more intimate than metropolitan. The Central Station shuts its doors when the last train has come in and they are still working on the plans for a subway...

Even the longest Amsterdam summer day must come to an end. The dark warehouses close their shutters, to dream of hoisting, loading and unloading. In the silent canals the moonlight glitters on the now rushing water, which is refreshed nightly by an ingenious system of sluices. Tomorrow thousands of visitors from all over the world will be sailing the fresh canals on sight-seeing boats. But first the long summer evening lies ahead for the tireless photographer; to round off a busy day he takes a portrait of the sleeping beauty.

Inleiding

Portretten van een geliefde zijn altijd
boeiend. Tekenstift, penseel en lens
openbaren nog onbekende trekken in het
vertrouwde gelaat. Zij toveren telkens een
ander beeld voor ogen en steeds is er
blijheid om de herkenning. Hoe rijker
karakter, hoe meer portretten wij vragen.
En daarom staat Amsterdam reeds eeuwen
geduldig model voor beeldende kunstenaar
Van haar gelaat straalt een roemrijk leven,
waarvan de geboorteakte werd opgemaakt
in het jaar 1275.

Het prille vissersdorp heeft slechts twee
eeuwen nodig om op te groeien tot een
middeleeuwse stad, wier vlag wappert op
verre zeeën. Handel en scheepvaart
brengen de schatten der wereld binnen
haar muren. Het zal dan niet zo lang
meer duren eer Amsterdammers de ankers
uitwerpen op de kusten van rijke Indische
eilanden. Bij hun thuiskomst (1597) jubelen
de klokken van de kerktorens en weldra
kraken de zolders van stoere pakhuizen
onder de last van kostelijke specerijen.

Deze vrijheidlievende stad is een veilige
wijkplaats voor verdrukten van heinde en
verre, zoals protestanten uit het zuiden,
joden uit Polen, Duitsland en Portugal en
pelgrimvaders uit Engeland. Zij allen gever
Amsterdam krachtige impulsen voor haar
glanstijdperk: de zeventiende eeuw.
De materiële welvaart stuwt kunst en
wetenschap op tot ongekende hoogte.
Schilders schenken tijdgenoten het eeuwige
leven in de musea der wereld. In deze
gouden eeuw wordt de stad omringd door
drie grachtengordels, waarlangs kooplieden
huizen als paleizen bouwen. Dit sprookje
duurt anderhalve eeuw, lang genoeg voor
een blijvend stempel op deze gezegende
stad. Groter wonder is nog het feit dat
Amsterdam zich later met ongebroken
veerkracht ontworstelt aan een tijdelijke
neergang. Het dwars door de duinen
gegraven Noordzeekanaal met de grootste
sluizen ter wereld redt de haven in 1876
van een wisse dood. Thans is Amsterdam
zelfs de enige stad, die reeds sedert 1935
beschikt over een algemeen uitbreidingsplar
als gids op de lange stedebouwkundige
weg naar het jaar 2000.

De innige strengeling van verleden en
heden werkt zó inspirerend dat reizigers
uit vele landen een bibliotheek over
Amsterdam hebben vol geschreven. En de
Nederlanders zelf worden niet moe deze
stad te bewieroken in proza en poëzie,
gedreven door dezelfde liefde die de ruim
850.000 Amsterdammers tot één grote
familie maakt. De overheid heeft het als
huisvader niet gemakkelijk: het gezag
staat vaak bloot aan felle kritiek. De
Amsterdammer loopt gauw te hoop,
maar komt even snel weer tot rust door
zijn alles ontwapenende zin voor humor.

Het hartje van de stad — de Dam — bruist de hele dag van luidruchtig leven. Maar als de klok van het koninklijk paleis op de avond van vier mei acht uur slaat, is boven de samengestroomde mensenmenigte slechts de wiekslag van duiven hoorbaar: de stad herdenkt eerbiedig de gevallenen in de laatste wereldoorlog, waarvoor op dit plein het nationale monument is opgericht. De volgende dag zitten aan de voet van datzelfde monument uitbundige jongens en meisjes te zonnen bij de gisteren aangedragen kransen en bloemen. Het op 13.659 heipalen gebouwde koninklijk paleis — in de zeventiende eeuw opgetrokken als stadhuis — is ook al een raadsel: de koningin woont in Soestdijk, de regering zetelt in Den Haag en de hoofdstad van het land is . . . Amsterdam!

Een stad vol verrassingen. Waar is voor de bewoners van een havenstad bijna 900 hectaren bos aangelegd in een polder vier meter onder de zeespiegel? Welke grootste industriestad van het land heeft veertig musea? Het clair-obscur van Rembrandt in het Rijksmuseum is slechts een paar honderd meter verwijderd van de bonte kleurenwereld van Karel Appel in het Stedelijk Museum. Op de scheepswerven wordt het ene zeekasteel na het andere op stapel gezet, elders slijpt een diamantbewerker met ingehouden adem 58 facetten aan een minuscule briljant van 0,24 milligram. Op de luchthaven Schiphol is de dag van gisteren een ver verleden, maar diep in het vergrijsde Amsterdam verschrompelen de eeuwen. Overheid en particulieren koesteren de oude bouwkunst — een symfonie in baksteen en hout — met liefdevolle restauraties. De Amsterdammer vindt het allerminst vreemd als zo'n verjongd eeuwenoud pand vervolgens wordt ingericht als winkel voor televisietoestellen, want hij pokert graag met de tijd. Zeer progressieve jongeren strijden in de voorste gelederen voor ongeschonden behoud van de oude stad. De Amsterdammer gaat naar grote warenhuizen, maar liever naar een drukke straatmarkt en nog liever naar die ouderwetse speciaalzaak, waar het zonlicht speelt met koperen handweegschalen. In het krantencentrum koopt hij gehaast het laatste nieuws (vers van de pers) of doet hij na urenlang snuffelen de vondst van zijn leven in een stoffig antiquariaat vol vergeelde boeken en prenten. Als het jaar ten einde spoedt, laat hij de Kerstboompjes in de warenhuizen staan om met zijn kroost een keuze te doen op de aloude Kerstbomenmarkt aan het Singel. Hij kan de tijd vergeten op een der vele terrasjes, maar ook hard hollen om zijn brief te posten in de bus van een juist vertrekkende tram. Hij weet te genieten van zijn beroemde Concertgebouworkest en wil zijn draaiorgels op straat voor geen goud ter wereld missen. Hij kan in een verfijnd restaurant smullen van buitenlandse gerechten en met evenveel smaak zijn haring verorberen aan het stalletje op de boogbrug. Hij kan zich vermaken op de verlichte dansvloer van een mondaine nachtclub en stil achter zijn biertje zitten in een versleten kroegje met zand op de vloer. Hij kan in een buitenwijk tevreden wonen tussen staal en beton, maar in de oude stad nieuwsgierig de klink lichten van een deur, die knarsend toegang geeft tot een verscholen hofje. Het Amsterdamse leven is in ieder opzicht intiemer dan dat van een wereldstad. Het Centraal Station sluit zijn deuren na aankomst van de laatste trein en aan de plannen voor een metro wordt nog gewerkt . . .

Ook aan de langste Amsterdamse zomerdag komt een einde. De donkere pakhuizen doen hun luiken toe om te gaan dromen van hijsen, laden en lossen. In de verstilde grachten drijft het maanlicht op het nu snel stromende water, dat iedere nacht wordt ververst met behulp van een ingenieus stelsel van sluizen. Morgen zullen weer duizenden bezoekers uit de gehele wereld in glanzende rondvaartboten door frisse grachten varen. Maar eerst is er nog de lange zomeravond voor de onvermoeibare fotograaf: tot besluit van een drukke dag maakt hij een portret van de schone slaapster.

Einleitung

Bildnisse dessen, was wir lieben, nehmen
uns immer gefangen. Stift, Pinsel und
Objektiv enthüllen bisher unbekannte
Züge in dem vertrauten Antlitz. Mit jedem
neuen Bild gibt es eine neue Freude des
Wiedererkennens. Je reicher der Charakter
um so mehr Bildnisse wünschen wir. So hat
auch Amsterdam jahrhundertelang
geduldig einem Künstler nach dem anderen
als Modell gedient. In seinen Zügen hat
ein reiches Leben seine Spuren
hinterlassen; seine Geburtsurkunde wurde
1275 unterzeichnet.

Das ursprüngliche Fischerdorf brauchte
nur zwei Jahrhunderte, um zu einer
mittelalterlichen Stadt heranzuwachsen,
deren Flagge auf vielen fernen Meeren
von Mastspitzen flatterte. Handel und
Schiffahrt brachten die Schätze der Welt
in die Mauern der Stadt. Es vergingen
nicht viel weitere Jahre, bis die
Amsterdamer vor den Küsten reicher
indischer Inseln Anker warfen. Die
Kirchenglocken grüssten sie bei ihrer
Heimkehr (1597), und die Balken der
grossen Speicherhäuser bogen sich unter
der Last kostbarer Gewürze.

Diese freiheitsliebende Stadt war aber
auch eine Zufluchtstätte für die Verfolgten
von nah und fern: Protestanten aus dem
Süden; Juden aus Polen, Deutschland
und Portugal; Pilgerväter aus England.
Alle diese prägten mit das Gesicht der
Stadt während ihrer stärksten Entwicklung
im siebzehnten Jahrhundert. Der
wirtschaftliche Wohlstand brachte Kunst
und Wissenschaft zu einer ungeahnten
Blüte. Durch die Maler wurden deren
Zeitgenossen in den Museen der Welt
unsterblich. In diesem Goldenen Zeitalter
wurde die Stadt mit drei Ringen von
Kanälen umgeben, an denen die
Kaufleute ihre palastähnlichen Häuser
erbauten. Diese märchenhafte Zeit währte
anderthalb Jahrhunderte, lange genug,
um bleibende Spuren in dieser vom Glück
begünstigten Stadt zu hinterlassen.

Noch bemerkenswerter ist die
Elastizität, mit der sich Amsterdam später
von einem vorübergehenden Abstieg
erholte. Als die Zuidersee allmählich
verschlammte, rettete der in gerader Linie
durch die Dünen gegrabene Nordseekanal
mit den grössten Schleusen der Welt — im
Jahre 1876 den Hafen vor dem sicheren
Tod. Heute ist Amsterdam die einzige
Stadt, die — und zwar schon seit 1935 — einen
umfassenden Stadtentwicklungsplan besitzt,
der bis zum Jahre 2000 reicht.

Die Vermischung von Vergangenheit
und Gegenwart wirkt so anregend, dass
Reisende aus vielen Ländern genug Bücher
über Amsterdam geschrieben haben, um
eine ganze Bibliothek zu füllen. Auch die
Holländer selbst werden niemals müde,

ihre Stadt in Prosa und Poesie zu feiern, von der gleichen Liebe beseelt, die über 850.000 Amsterdamer zu einer grossen Familie verbindet.

Die Stadtväter haben es als Haushaltvorstände nicht leicht: ihre Arbeit ist oft heftiger Kritik ausgesetzt. Der Amsterdamer ist leicht erregbar, aber ebenso leicht wieder durch seinen eigenen, entwaffnenden Sinn für Humor zu besänftigen. Das Herz der Stadt, der Dam, ist den ganzen Tag von brausendem Leben erfüllt. Wenn aber am Abend des 4 Mai die Uhr des Königlichen Palast acht schlägt, ist kein Geräusch mehr zu hören ausser dem Schlagen der Taubenflügel über den grossen Menschenmassen: die Stadt gedenkt derer, die im zweiten Weltkrieg fielen und zu deren Gedächtnis das Nationaldenkmal auf dem Platz errichtet wurde. Am nächsten Tag sitzen Gruppen lachender Jungen und Mädchen am Fusse des gleichen Denkmals und sonnen sich neben den Kränzen und Blumen, die am vergangenen Tag dort niedergelegt wurden. Das Königliche Palast auf seinen 13.659 Pfählen, das im siebzehnten Jahrhundert als Rathaus erbaut wurde, ist auf seine Art ein Rätsel: die Königin lebt in Soestdijk, die Regierung sitzt in Den Haag, und die Hauptstadt des Landes ist . . . Amsterdam!

Eine Stadt der Überraschungen! Wo sonst hätte man über 800 Hektar Wald für die Einwohner einer Hafenstadt auf trockengelegtem Land vier Meter unter Meereshöhe angepflanzt? Welche andere grosse Industriestadt besitzt vierzig Museen? Das Helldunkel Rembrandts im Rijksmuseum ist nur ein paar hundert Meter von der leuchtenden Farbenwelt Karel Appels im Stedelijk Museum entfernt. In den Werften folgt ein grosses Schiff dem anderen auf den Hellingen. An anderer Stelle der Stadt schleift ein Diamantenschleider 58 Facetten eines winzigen Brillanten, der ein Viertel Milligramm wiegt. Im Lufthafen Schiphol ist vorgestern schon Vergangenheit, aber tief im alten Amsterdam schrumpfen die Jahrhunderte zur Bedeutungslosigkeit zusammen. Die Behörden ebenso wie Privatpersonen pflegen die alte Architektur eine Sinfonie von Holz und Stein mit liebevoller Restaurierung. Die Amsterdamer finden es gar nicht merkwürdig, ein so verjüngtes jahrhundertealtes Gebäude für ein Rundfunk- und Fernsehgeschäft zu verwenden, denn sie lieben es, alt und neu zu mischen. Gerade die fortschrittlichsten der Jungen kämpfen am meisten darum, die alte Stadt unversehrt zu erhalten. Selbstverständlich kauft der Amsterdamer im Supermarkt, aber die überfüllten Strassenmärkte sind ihnen lieber, und am liebsten die altmodischen Spezialgeschäfte, wo noch kupferne Waagen im Sonnenlicht glänzen. Er läuft nach der

neuesten Zeitung frisch aus der Presse oder er macht den Fund seines Lebens, nachdem er stundenlang in einem staubigen Antiquariat voller vergilbender Bücher und Stiche gewühlt hat.

Gegen Ende des Jahres verlässt er die in den grossen Kaufhäusern stehenden Christbäume, um sich mit seiner Familie einen eigenen Baum auf dem alten Christbaummarkt auf dem Singel auszusuchen. Er kann auf einer der vielen Terrassen die Zeit ganz vergessen oder aber flink wie ein Hase laufen, um noch einen Brief in den Kasten hinten an einer schnell verschwindenden Strassenbahn zu werfen. Er geniesst mit allen Fasern die hohe Kunst seines berühmten Concertgebouworchesters, würde aber um keinen Preis der Welt die Leierkästen auf den Strassen missen wollen. Er kann die exotischsten Gerichte in einem eleganten Restaurant verspeisen und mit gleichem Genuss einen Hering aus der Hand am Stande eines Fischhändlers auf der Bogenbrücke verzehren. Er kann sich auf dem Tanzparkett eines modernen Nachtlokals amüsieren und ebenso zufrieden hinter seinem Bier in einer kleinen Kneipe sitzen, deren Fussboden noch mit Sand bestreut ist. Er kann glücklich in einem Vorort zwischen Stahl und Beton leben, wird aber neugierig die knarrende Tür zu einem versteckten Hof im alten Stadtzentrum aufdrücken.

In jeder Weise ist das Leben in Amsterdam gemütlicher als in jeder anderen Weltstadt. Am Hauptbahnhof werden die Türen geschlossen, wenn der letzte Zug eingelaufen ist, und für die Untergrundbahn werden noch immer erst die Pläne gemacht . . .

Selbst der längste Sommertag in Amsterdam muss ein Ende haben. Die Speicher schliessen ihre Läden, um vom Löschen und Laden zu träumen. In den stillen Kanälen glitzert das Mondlicht auf dem nun dahineilenden Wasser, das während der Nacht durch ein sinnreiches Schleusensystem erneuert wird. Morgen werden Tausende von Besuchern aus der ganzen Welt auf Ausflugsbooten auf dem frischen Wasser der Kanäle fahren. Aber zunächst liegt noch der lange Sommerabend vor dem unermüdlichen Photographen; um einen geschäftigen Tag zum Abschluss zu bringen, porträtiert er auch noch die schlafende Schönheit.

Introduction

Les portraits de ceux qu'on aime sont toujours séduisants. Le crayon, le pinceau et l'objectif révèlent les caractéristiques inaperçues dans l'expression familière. Chaque nouvelle image reconnue apporte une joie nouvelle. Plus le sujet est riche, plus nous réclamons de portraits. Donc, au cours des siècles, Amsterdam a patiemment servi de modèle à un artiste après l'autre. Son visage porte les marques d'une vie bien remplie; son certificat de naissance fut signé en 1275.

Deux siècles suffirent au village de pêcheurs originel pour devenir une ville médiévale, dont le drapeau flottait à la tête de mât sur bien des mers lointaines. Le négoce et les voyages en mer apportèrent dans ses murs les trésors du monde. Quelques années seulement devaient s'écouler avant que les Amstellodamois mouillent au large des riches îles des Indes. A leur retour en 1597 les cloches carillonnaient dans les clochers et les solives des grands entrepôts gémissaient sous le fardeau des précieux épices.

Cette ville, amoureuse de liberté a été un hâvre sûr pour les persécutés venant des quatre coins du monde: des Protestants venant du Sud; des Juifs de Pologne, d'Allemagne et du Portugal; des Pilgrim Fathers venant d'Angleterre. Tous ont pleinement contribué à l'apogée de la gloire de la cité, le dix-septième siècle. La prospérité matérielle stimula les arts et les sciences jusqu'à des hauteurs inouïes. Les peintres rendirent leurs contemporains immortels dans les musées du monde. A cet âge d'or, la cité était entourée de trois cercles de canaux le long desquels les marchands construisirent leurs maisons grandioses. Le conte de fées dura un siècle et demi, assez longtemps pour établir un cachet durable sur cette ville fortunée.

Mais ce qui est encore plus remarquable est la souplesse grâce à laquelle Amsterdam s'est plus tard remis d'un déclin temporaire. Comme le Zuider Zee s'envasait petit à petit, le canal de la Mer du Nord, percé d'un bout à l'autre des dunes avec les écluses les plus grandes du monde sauva le port d'une mort certaine en 1786. De nos jours, Amsterdam est la seule ville qui, dès 1935, possédait un plan complet d'expansion municipal couvrant jusqu'à l'an 2000.

L'entremèlement du passé et du présent a un effet si encourageant que les voyageurs venant de nombreux pays ont édité assez de livres sur Amsterdam pour remplir une bibliothèque. Et les Hollandais, eux-mêmes, ne se lassent jamais de louer leur ville en prose et en vers, poussés par ce même amour qui unit les quelque 850 000 Amstellodamois en une grande famille.

Les autorités publiques, en tant que chef de famille, n'ont pas la tâche facile: leur règlement est souvent exposé à de violentes critiques. L'amstellodamois s'irrite facilement mais sa sérénité se restaure également vite grâce à son sens très vif de l'humour. Le coeur de la ville le Dam grouille de vie et d'activités toute la journée. Mais lorsque le soir du 4 mai, l'horloge du Palais Royal sonne huit heures, aucun bruit, sauf le battement des ailes des pigeons, ne monte de la grande foule: la ville se remémore avec respect ses morts de la dernière guerre pour qui le monument a été édifié sur la place. Le lendemain, un groupe bruyant de jeunes gens et de jeunes filles est assis au pied du même monument, se chauffant au soleil à côté des couronnes et des fleurs qui y ont été déposées la veille. Le Palais Royal, sur ses 13.659 pilotis construit au dix-septième siècle comme hôtel de ville est lui-même une énigme: la Reine habite à Soestdijk, le gouvernement siège à La Hague et la capitale du pays est . . . Amsterdam!

Une cité à surprises. Où ailleurs a-t-on planté 800 hectares de forêts pour les habitants d'un port sur une terre reprise sur l'eau, quatre mètres au-dessous du niveau de la mer? Quel autre pays a quarante musées dans sa principale ville industrielle. Le clair-obscur de Rembrandt au musée Rijks n'est qu'à quelques centaines de mètres du monde brillamment coloré de Karel Appel au musée Stedelijk. Dans les chantiers de construction un vaisseau de haute-mer après l'autre est mis en chantier. Ailleurs, un diamantaire retient son souffle alors qu'il égrise 58 facettes sur un brillant minuscule pesant un quart de milligramme. A l'aérodrome de Schiphol le jour avant hier représente le passé reculé, mais dans les profondeurs du vieil Amsterdam les siècles se réduisent à l'insignifiance. Les fonctionnaires et les particuliers chérissent l'architecture ancienne une symphonie de bois et de briques par un travail attentif de restauration. L'Amstellodamois ne trouve en aucune façon étrange qu'un édifice vieux de plusieurs siècles et ainsi restauré soit alors équipé comme un magasin de télévision, car il aime jouer au chat avec le temps. Les jeunes les plus progressifs mènent la bataille pour conserver la vieille ville intacte. L'Amstellodamois fait ses achats au supermarché, bien sûr, mais il est plus à l'aise dans les marchés encombrés, le long des rues et le plus heureux de tout dans les boutiques démodées où la lumière du soleil se reflète dans les balances de cuivre. Il court acheter la dernière édition du journal (sortant juste des presses) et fait la trouvaille de sa vie après avoir fourragé pendant des heures dans un magasin d'antiquités poussièreux, rempli de gravures et de livres jaunissants.

Vers la fin de l'année, il ignore les arbres de Noël des grands magasins et fait son choix avec sa famille au vieux marché d'arbres de Noël sur le Singel. Il sait oublier le temps à l'une des nombreuses terrasses ou courir comme un lièvre pour mettre une lettre à la boîte, à l'arrière d'un tram qui disparaît rapidement. Il tire un immense plaisir à écouter son célèbre orchestre Concertgebouw et pour rien au monde ne voudrait pas manquer son orgue de Barbarie dans les rues. Il sait savourer les mets étrangers dans un restaurant élégant et avec autant de plaisir avaler son hareng à un étalage en plein vent sur le pont arqué. Il sait s'amuser sur la piste de danse d'un boîte de nuit élégante et s'asseoir tranquillement devant sa bière dans un café minable avec du sable sur le plancher. Il sait vivre heureux dans les banlieues parmi l'acier et le béton, mais soulève avec curiosité le loquet d'une porte qui s'ouvre en grinçant sur une cour cachée dans la vieille ville.

Sous tous les rapports la vie d'Amsterdam est plus intime que métropolitaine. La Gare Centrale ferme ses portes lorsque le dernier train est arrivé et les plans d'une métro souterrain sont encore à l'étude . . .

Même les plus longs jours de l'été d'Amsterdam doivent se terminer. Les sombres entrepôts ferment leurs volets pour rêver de hissage, chargement et déchargement. Dans les canaux silencieux, le clair de lune fait miroiter les eaux maintenant impétueuses qui sont chaque nuit rafraîchies grâce à un ingénieux système d'écluses. Demain des milliers de visiteurs venant des quatre coins du monde navigueront sur les eaux fraîches des canaux dans des bateaux de tourisme. Mais d'abord la longue soirée d'été attend le photographe infatigable. Pour terminer une journée bien occupée, il prend un portrait de la belle endormie.

Looking towards the Montelbaans Tower

Kijkje op de Montelbaanstoren.

Ein Blick nach den Montelbaans-Turm.

Une vue de la Tour Montelbaans.

Bridge over the Singel.

Brug over de Singel.

Brücke über den Singel.

Pont sur le Singel.

First impressions

Amsterdam offers its visitors one of the happiest combinations of activity and leisure to be found in Europe. In a remarkable way its attractions — canals, churches, squares, museums, concerts, bars, bookshops and nightclubs — flourish in a constant, cheerful atmosphere at once discreet, tasteful and charming. Amsterdam has a surprising uniformity — every district and corner really seems like a branch or twig from the same tree — but you will never be bored. It is enough to enjoy the separate pleasures and later, perhaps much later, reflect on the surprising spirit of harmony which infuses the memory. The secret, perhaps, lies in the planning. In his book *The City in History* Lewis Mumford attributes the success of Amsterdam to 'a complex of institutions, personalities, and opportunities, coming together at a unique moment, that made the city one of the greatest examples of the town planner's art'.

Erste indrukken

Amsterdam biedt aan haar bezoekers een van de gelukkigste combinaties van bedrijvigheid en ontspanning in geheel Europa. De grachten, kerken, pleinen en musea, de concerten, bars, boekwinkels en nachtclubs, scheppen een adltijd vrolijke en aangename sfeer. Amsterdam bezit een opvallende gelijkvormigheid; elke wijk en straathoek maakt op u de indruk van een tak of twijgje van dezelfde boom en toch zult u er nooit genoeg van krijgen. Wat u moet doen is zoveel mogelijk genieten van alle verschillende genoegens, en dan later, misschien veel later, nadenken over de verrassende harmonie, die in uw geheugen is achtergebleven. Misschien ligt het geheim in het stadsplan. Lewis Mumford schrijft in zijn boek *The City in History* dat het succes van Amsterdam te danken is aan „een geheel van instellingen, persoonlijkheden en gunstige omstandigheden, die op een uniek ogenblik in de geschiedenis op elkaar inwerkten en deze stad tot een van de grootste voorbeelden van stedebouwkunde maakten".

Erste Eindrücke

Amsterdam bietet seinen Besuchern eine der glücklichsten Kombinationen von Tätigkeit und Müssiggang, die in Europa anzutreffen sind. Auf eine höchst bemerkenswerte Weise gedeihen seine Attraktionen — Kanäle, Kirchen, Plätze, Museen, Konzerte, Bars, Buchhandlungen und Nachtklubs — in einer ständig heiteren Atmosphäre, die zugleich diskret, geschmackvoll und bezaubernd ist. Amsterdam weist eine überraschende Gleichmässigkeit auf — jedes Viertel, jede Ecke scheint ein Ast oder Zweig des gleichen Baumes zu sein. Aber es genügt, sich der verschiedenen Reize zu erfreuen und später, vielleicht sogar erst viel später, über die eigentümliche Harmonie nachzudenken, welche die einzelnen Erinnerungen verschmiltz. Das Geheimnis liegt wohl in der Planung. In seinem Buch *Die Stadt—Geschichte und Ausblick* schreibt Lewis Mumford den Erfolg Amsterdams „einem Komplex von Institutionen, Persönlichkeiten und Gelegenheiten" zu, „die in einem einzigartigen Augenblick zusammenkamen, der die Stadt zu einem der grössten Beispiele der Stadtplanung machte".

Premières impressions

Amsterdam offre à ses visiteurs l'une des plus heureuses combinaisons d'activité et de loisirs que l'on puisse trouver en Europe. Il est remarquable que ses attractions canaux, églises, places, musées, concerts, bars, librairies et boîtes de nuit prospèrent dans une atmosphère constante et gaie, à la fois discrète, de bon goût et charmante. Amsterdam possède une uniformité surprenante — chaque quartier et chaque coin ressemble à une branche ou à une brindille du même arbre — mais vousne vous y ennuyez jamais. Il suffit de jouir des plaisirs séparés et plus tard, peut-être beaucoup plus tard, de réfléchir sur l'esprit surprenant de l'harmonie qui inspire la mémoire. Le secret se trouve peut-être dans le planning. Dans son livre *The City in History* Lewis Mumford attribue le succès d'Amsterdam à 'un complexe d'institutions de personnalités, et d'occasions, venant ensembles à un moment unique, qui a fait de la ville l'un des plus grands exemples de l'art de l'urbaniste'.

Looking across Amsterdam to the harbour, the plan of the city is revealed at a glance: neat lines of steep-roofed houses pierced at regular intervals by shaded canals and an easy geometrical flow of cross-streets and bridges. Here and there the pattern is broken by taller buildings — spires, towers and new office developments. One of the most flourishing commercial centres in Europe, the city has clearly benefited from the foresight of its seventeenth-century planners, whose work is even today an object-lesson in precision and gracefulness.

Wanneer men Amsterdam overziet in de richting van de haven wordt het stadsplan metéén duidelijk: een netwerk van rechte lijnen, gevormd door huizen met steile daken, dat op regelmatige afstanden wordt doorsneden door beschaduwde grachten en eenvoudige meetkundige lijnen van straatkruisingen en bruggen. Hier en daar wordt het regelmatige patroon onderbroken door hogere gebouwen zoals kerken, torens en nieuwe kantoorgebouwen. Deze stad, die nu een van de bloeiendste commerciële centra in Europa is, trekt nog steeds profijt van de vooruitziende blik van de bouwmeesters, die haar in de zeventiende eeuw hebben gebouwd; hun werk is zelfs heden ten dage nog een schoolvoorbeeld van nauwkeurigheid en harmonie.

Beim Blick über Amsterdam hinweg auf den Hafen erkennt man die Anlage der Stadt: wohlgeordnete Reihen steilgiebliger Häuser werden in regelmässigen Abständen von schattigen Kanälen und einem zierlichen geometrischen Muster von Querstrassen und Brücken durchschnitten. Hier und dort ragen höhere Gebäude auf: Kirchen, Türme und Geschäftsneubauten. Die Stadt, eines der blühendsten Handelszentren in Europa, profitiert noch heute von der Voraussicht der Planer im seibzehnten Jahrhundert, deren Arbeit sich auch nach heutigen Begriffen durch Präzision gepaart mit Anmut auszeichnet.

En regardant Amsterdam dans la direction du port, un coup d'oeil suffit pour découvrir le plan de la ville; des rangées régulières de maisons aux toits escarpés, percées à intervalles réguliers par des canaux ombragés et par un courant géométrique libre de rues latérales et de ponts. Ici et là, le dessin est interrompu par des bâtiments plus élevés — clochers, tours et nouveaux développements d'immeubles administratifs. Un des centres commerciaux les plus prospères d'Europe, la ville a nettement profité de la prévoyance de ses urbanistes du dix-septième siècle dont le travail est, même de nos jours, un exemple de précision et d'élégance.

The north-west view from the Harbour building presents what could be almost any city — a railway yard, a glimpse of harbour, church steeples and gas works dominating an indeterminate skyline. A closer look and features become more distinctive: the Posthoorn Church, a backdrop of modern buildings, the tall, narrow gables forming stair-stepped and scrolled triangles that characterize the domestic skyline of the core of Amsterdam.

Als we vanaf het Havengebouw naar het noordwesten kijken ziet de stad er uit zoals iedere andere stad: een spoorwegstation, een stukje van de haven, kerktorens en gasfabrieken overheersen een onbestemde horizon. Maar bij aandachtige beschouwing wordt het beeld duidelijker: de Posthoornkerk, moderne gebouwen in de achtergrond, de hoge, smalle gevels, die zich aaneenrijen als traptreden en driehoeken, en samen het bekende beeld van het hart van Amsterda vormen.

ie Nordwestansicht vom Hafengebäude
us zeigt, was fast jede Stadt sein könnte —
leisanlagen, ein Stück Hafen, Kirchtürme
d ein Gaswerk, welche die Stadtsilhouette
herrschen. Blickt man näher, dann wird
r Eindruck charakteristischer: die
osthoornkirche, ein Hintergrund moderner
ebäude, die hohen, schmalen Giebel, die
ie Treppenstufen und verschnörkelte

Dreiecke den Stadtkern von Amsterdam
unverwechselbar machen.

Du bâtiment du Port, la vue vers le
nord-ouest offre ce qui pourrait être
presque n'importe quelle ville une gare de
triage, un aperçu du port, des clochers
d'églises et des usines à gaz dominant une
ligne d'horizon imprécise. En regardant

plus attentivement, les traits deviennent
plus distincts. L'église Posthoorn, un
arrière-plan de bâtiments modernes, les
pignons hauts et étroits formant des
triangles volutés ou marches d'escalier qui
caractérisent la ligne d'horizon
familière du centre d'Amsterdam.

Rooftops viewed from the top of the Oude Kerk (Old Church). The projecting beams above the top windows are fitted with hooks and used for hoisting furniture.

Daken vormen het panorama, dat men ziet vanaf het topje van de Oude Kerkstoren. De uitstekende balken boven de zolderramen zijn voorzien van haken en dienen voor het ophijsen van meubelen.

Dächer von der Oude Kerk (Alten Kirche) aus gesehen. Die über den obersten Fenstern herausragenden Balken tragen Haken und sind zum Hochziehen von Möbeln bestimmt.

Une vue des toits prise du haut de Oude Kerk (Vieille Eglise). Les poutres on saillie au-dessus des fenêtres supérieures sont pourvues de crochets et servent à hisser le mobilier.

A close-up of the corner and a ground-level view of the same houses in Old Church Square.

Un gros-plan du coin et une vue prise du rez-de-chaussée des mêmes maisons sur l'Oudekerksplein.

Een close-up en een kijkje op de begane grond van dezelfde huizen aan het Oudekerksplein.

Eine Nahansicht der Ecke und eine Parterreansicht der gleichen Häuser am Oudekerksplein.

Canals

The Canals are the very heart and soul of this city, governing its form, its architecture, its spirit. The plan of the canals, approved by the municipality in 1613, laid out the three main concentric canals Herengracht, Keizersgracht and Prinsengracht, which were then traversed by canals directed towards the centre. Large business houses and merchants' town houses were built along the three main canals, while the homes of the lower middle class were built along the others. Most houses were made tall and narrow, because of a property tax based on the amount of canal frontage. Today the plan is still apparent, the architecture still consistent, but the most impressive aspect of the canals is the air of calm and peace that they impose on one of the busiest, most commercial cities in the world.

Grachten

De grachten vormen het werkelijke hart en de ziel van Amsterdam. Zij beheersen de vorm, architectuur en sfeer van deze stad. Het grachtenplan werd in 1613 door het stadsbestuur aangenomen; het voorzag in de aanleg van drie concentrische grachten: de Herengracht, Keizersgracht en Prinsengracht, welke doorsneden werden door grachten in de richting van het middelpunt. Grote koopmanshuizen werden aan weerszijden van de drie hoofdgrachten gebouwd, terwijl eenvoudiger woningen verrezen langs de andere grachten. Het oorspronkelijke plan is heden nog duidelijk zichtbaar, en de architectuur is er nog geheel mee in overeenstemming, maar het meest opvallende is de sfeer van rust en stilte.

Kanäle

Die Kanäle sind das Herz und die Seele dieser Stadt und bestimmen ihre Form, ihre Architektur und ihren Geist. Der Plan der Kanäle den die Stadtverwaltung 1613 billigte, sah schon die drei konzentrischen Hauptkanäle — Herengracht, Keizersgracht und Prinsengracht — vor, die dann von Kanälen durchschnitten wurden, die auf die Stadtmitte gerichtet waren. Grosse Geschäftshäuser und Stadthäuser von Kaufleuten wurden entlang den drei Hauptkanälen gebaut, während die Wohnhäuser der einfacheren Bürger an den anderen Kanälen errichtet wurden. Die meisten Häuser wurden hoch und schmal gebaut, da sich die Grundsteuer nach der Länge der Kanalfront richtete. Heute ist der Plan noch erkennbar und die Architektur so geblieben, am meisten beeindruckt jedoch an den Kanälen die Ruhe und den Frieden, die sie einer der hinter den Kulissen turbulentesten Geschäftsstädte der Welt verleihen.

Canaux

Les canaux sont le coeur et l'âme même de cette ville, gouvernant sa forme, son architecture, son caractère. Le plan des canaux approuvé par la Municipalité en 1613 traça les trois canaux concentriques principaux Herengracht, Keizersgracht et Prinsengracht qui étaient alors traversés par des canaux dirigés vers le centre. Des maisons de commerce importantes et des maisons de ville pour les négociants furent construites le long des trois canaux principaux tandis que les logements inférieurs des classes moyennes furent construits le long des autres canaux. La plupart des maisons furent bâties hautes et étroites, à cause de l'impôt foncier calculé d'après l'étendue de la façade sur le canal. Aujourd'hui, le plan est encore apparent, l'architecture encore consistante mais l'aspect le plus impressionnant des canaux est l'air de calme et de paix qu'ils imposent à l'une des villes les plus actives et les plus commerciales du monde.

The canals owe much of their charm to th
trees that line their banks — in summer a▮
in winter.

De grachten danken veel van hun karakter
aan de bomen langs de kanten, en dat
geldt voor zomer èn winter.

Die Kanäle verdanken viel von ihrem Reiz
den Bäumen an ihren Ufern — im Sommer
wie im Winter.

Les canaux tirent la plus grande partie
de leur charme des arbres qui bordent
leurs rives — en été et en hiver.

The canals are a perfect complement to
the city, reflecting its beauties on sunny
days and floodlit nights.

De grachten vormen een volmaakt
geheel met de stad: zij weerspiegelen
haar schoonheid op zonnige dagen en
in de avondverlichting.

Die Kanäle sind eine ideale Ergänzung
der Stadt und reflektieren ihre
Schönheiten im Sonnenschein und
nachts im Licht von Scheinwerfern.

Les canaux sont un complément
parfait de la ville réfléchissant ses
beautés pendant les journées
ensoleillées et les nuits illuminées.

Scenes from canal life: chess on a boat-top,
housework by the canal bridge, fishing,
having a haircut on a houseboat.

Beelden van het grachtenleven: schaken
op het dek van een boot, huishoudelijk werk
bij de brug, vissen, en een
kapper aan 't werk op een woonboot.

Szenen aus dem Leben auf den Kanälen:
Schach auf einem Boot, Hausarbeit an einer
Kanalbrücke, Angeln, ein Haarschnitt auf
einem Hausboot.

Scènes de la vie du canal: jeu d'échecs
sur le pont d'un bateau, travaux
ménagers près du pont du canal, pêche,
coupe de cheveux sur un bateau-maison.

A few of Amsterdam's 636
bridges and a view of the
Montelbaans Tower.

Enkele van Amsterdams 636
bruggen en het gezicht op de
Montelbaanstoren.

Einige der 636 Brücken
Amsterdams und der
Montelbaans-Turm.

Quelques-uns des 636 ponts
d'Amsterdam et une vue de la
Tour Montelbaans.

Museumplein

Museum Square (Museumplein) is a boulevard between the Concert Hall (Concertgebouw) and the Rijksmuseum. The statue is called 'Europeans', by Karel Kneulman.

Het Museumplein

Het Museumplein is een zeer brede boulevard tussen het Concertgebouw en het Rijksmuseum. Het standbeeld door Karel Kneulman genaamd „Europeanen".

Museumplein

Der Museumsplatz (Museumplein) ist ein langer schattiger Weg zwischen der Konzerthalle (Concertgebouw) und dem Reichsmuseum (Rijksmuseum). Das Standbild von Karel Kneulman heisst „Europäer".

Museumplein

La Place du Musée (Museumplein) est une longue avenue ombragée entre la Salle de Concert (Concertgebouw) et le Rijksmuseum. La statue, par Karel Kneulman, s'appelle 'Européens'.

Dam Square

Dam Square, the hub of the city. Left: the Rokin after a light rain. Below: a Christmas tree in front of the Royal Palace.

De Dam

De Dam is het hartje van de stad. Links: het Rokin na een regentje. Beneden: een kerstboom voor het koninklijk paleis.

Damplatz

Der Damplatz, Brennpunkt der Stadt. Links: der Rokin nach einem leichten Regen. Unten: ein Weihnachtsbaum vor dem Königlichen Palast.

Le Dam

Le Dam, le centre d'activité de la ville. A gauche; Le Rokin après une pluie légère. Ci-dessous: Un arbre de Noël devant le Palais Royal.

Dam Square is where you play with the pigeons or have your picture taken or watch a puppet show or have an ice cream or just gather under the war memorial and wait for something to happen . . .

Op de Dam kun je de duiven voeren of een foto van je laten maken, of naar een poppenkast kijken, of een ijsje eten; of je kunt gewoon bij het Nationaal Monument gaan staan wachten tot er iets gebeurt . . .

Der Damplatz ist es, wo man mit den Tauben spielt, oder sich aufnehmen lässt, oder einem Puppenspieler zusieht, oder ein Eis isst, oder sich einfach am Kriegsdenkmal einfindet und darauf wartet, dass etwas geschieht . . .

Au Dam, vous jouez avec les pigeons et vous vous faites photographier ou vous regardez un spectacle de marionnettes ou dégustez une glace ou vous vous rassemblez simplement devant le monument aux morts de la guerre et attendez qu'il se passe quelque chose . . .

. . . or pretend to be a pigeon.

. . . of jezelf voorstellen, dat je
een duif bent.

. . . oder tut, als sei man selbst
eine Taube.

. . . ou vous prétendez être un
pigeon.

Markets
Markten Märkte Marchés

On Wednesday and Saturday afternoons
everyone who is interested in philately goe
to the Stamp Market for a bit of tradings
in traditional street-market style.

Op woensdag- en zaterdagmiddagen gaat
iedere echte postzegelliefhebber naar de
postzegelmarkt om te zien of er nog wat
te verhandelen valt.

Am Mittwoch und am Sonnabend geht
nachmittags jeder, der sich für Philatelie
interessiert, um auf diesem Spezialmarkt
im herkömmlichen Strassenverkaufsstil um
ein paar Briefmarken zu feilschen.

Le mercredi et le samedi après-midi tous
ceux qui s'intéressent à la philatélie vont
au Marché aux Timbres pour faire un
brin de marché dans le style traditionnel
des marchés en plein air.

The floating flower market on
the Singel, where armfuls of
fresh-cut flowers or gardenfuls
of potted ones have been sold
for more than 100 years. At
night the boats are illuminated.

De drijvende bloemenmarkt
aan het Singel, waar men al
100 jaar lang armen vol verse
snijbloemen en potplanten
verkoopt. 's Nachts zijn de
boten verlicht.

Der schwimmende
Blumenmarkt auf dem Singel,
wo Armevoll frischgeschnittener
Blumen und Gärtenvoll
Topfblumen über 100 Jahre
lang verkauft worden sind.
Nachts sind die Boote beleuchtet.

Le Marché aux Fleurs flottant
sur le Singel où depuis plus
de 100 ans se vendent des
brassées de fleurs fraîchement
cueillies ou des jardins entiers
de fleurs en pots. La nuit, les
bateaux sont illuminés.

The Flea Market is a showplace for a wide variety of goods, all laid out in neat rows. A few years ago someone found a Paul Klee painting among the old shoes, pots and pans.

Op de vlooienmarkt ligt een grote verscheidenheid aan koopwaar uitgestald in keurige rijen. Een paar jaar geleden vond iemand een schilderij van Paul Klee tussen de oude schoenen, potten en pannen.

Der Flohmarkt dient dem Verkauf der allerverschiedensten Sachen, die in ordentlichen Reihen ausgestellt werden. Vor ein paar Jahren entdeckte ein Glücklicher unter den alten Schuhen, Töpfen und Pfannen einen echten Paul Klee.

Le Marché aux Puces est une exposition de marchandises les plus variées, toutes disposées en rangées bien nettes. Il y a quelques années quelqu'un découvrit un tableau par Paul Klee parmi les vieux souliers, pots et casseroles.

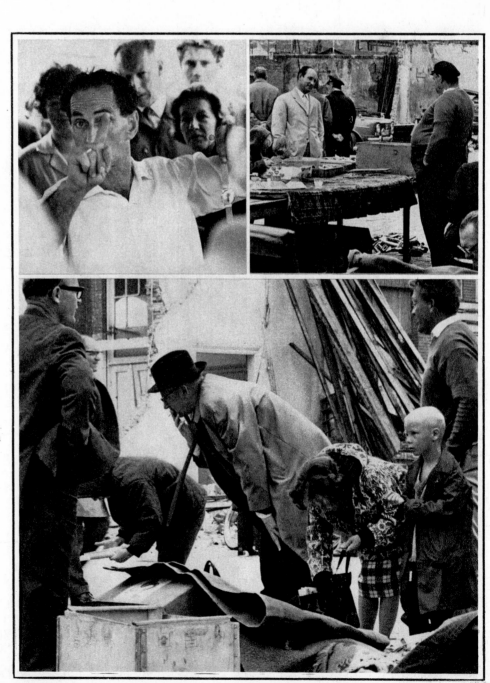

Street scenes

The streets of Amsterdam are not like the streets of any other city. Not because you often see people in national costume, but because, of the colourful barrel-organs and hoardings, the postboxes on the backs of trams, the 400,000 bicycles. That's approximately one bicycle for every two people but some people have two (below, far right).

Straattoneeltjes

De straten van Amsterdam zijn anders dan de straten van elke stad ook. Niet omdat men er wel eens mensen in klederdracht ziet, maar vanwege de kleurige draaiorgels en aanplakborden, de brievenbussen achter op de trams en de 400.000 fietsen. Dat betekent ongeveer één fiets per twee personen, maar sommige mensen hebben er twéé (beneden, geheel rechts).

Strassenszenen

Die Strassen Amsterdams sind anders als die Strassen jeder anderen Stadt. Nicht, weil man oft Menschen in Nationaltracht sieht, sondern wegen der bunten Drehorgeln und Zäune, der Briefkästen hinten an den Strassenbahnen, der 400.000 Fahrräder. Das ist etwa ein Fahrrad für je zwei Einwohner aber manche haben zwei (unten ganz rechts).

Scènes de rue

Les rues d'Amsterdam ne ressemblent pas aux rues d'autres villes. Non pas parce que vous y voyez souvent des personnes habillées en costume national mais à cause des orgues de Barbarie et des palissades colorées; des boîtes postales à l'arrière des tramways, des 400.000 bicyclettes. Cela représente environ une bicyclette pour deux habitants mais certaines personnes en ont deux (ci-dessous, extrême droite).

e neat rectangles of
enteenth-century canal
uses, including the one where
scartes lived (far right).

De regelmatige rechthoeken
van de zeventiende-eeuwse
grachtenhuizen. Geheel rechts
is het huis waarin Descartes
woonde.

Die ordentlichen Rechtecke
der Kanalhäuser aus dem
siebzehnten Jahrhundert,
einschliesslich dessen, in dem
Descartes wohnte (aussen rechts).

Les rectangles réguliers des
maisons du canal du dix-
septième siècle comprennent
celle où habita Descartes
(extrême droite).

Top, left: cafés in Leidseplein. Top, far
right: Thorbecke in Thorbeckeplein. The
other pictures are of Rembrandtsplein which
boasts, among other things, an outdoor
discothèque that is as swinging for kids in
the daytime as it is for their elders at night.

Boven, links: café's op het Leidseplein.
Boven, geheel rechts: het standbeeld van de
staatsman Thorbecke op het Thorbeckeplein.
De andere foto's zijn genomen op het
Rembrandtsplein, dat onder andere een
openlucht-discotheek heeft waar jongelui
overdag even graag heengaan als.hun
ouders 's avonds.

Oben: cafés im Leidseplein. Oben rechts
aussen: Thorbecke im Thorbeckeplein. Die
anderen Bilder sind vom Rembrandtsplein,
der unter anderem eine Diskothek im
Freien besitzt, die tagsüber für die
Jüngeren und abends für die Älteren spielt.

Ci-dessus: cafés sur le Leidseplein.
Extrême droite: Thorbecke sur le
Thorbeckeplein. Les autres illustrations
représentent le Rembrandsplein qui est
fière de posséder, entre autres choses, une
discothèque en plein air qui a autant de
succès avec les jeunes pendant la journée
qu'avec leurs ainés le soir.

Below: one of the oldest windmills in the city, and the Mint Tower.
Right: bridge over the Singel.

Beneden: een van de oudste windmolens van de stad, en de Munttoren.
Rechts: brug over het Singel.

Unten: eine der ältesten Windmühlen in der Stadt und der Münzturm.
Rechts: Brücke über den Singel.

Ci-dessous: un des plus vieux moulins à vent de la ville et La Tour de la Monnaie (Munttoren).
A droite: pont sur le Singel.

bove: the Waag, a fifteenth-
ntury gatehouse of the
riginal town battlements.
n the seventeenth century it was
rned into a weighing house
nd guildhall, and later into
vo museums: the Amsterdam
Historical Museum and the
ewish Museum. Right: the
Moses and Aaron Church
orms a stately backdrop to
he Flea Market.

oven: de Waag, een
ijftiende-eeuwse poort, die deel
itmaakte van de
orspronkelijke stadsmuren.
n de zeventiende eeuw werd
et verbouwd tot Waag en
ildenverblijven, later kwamen
r twee musea: het Amsterdams
Historisch Museum en het
oods Historisch Museum.
Rechts: de Mozes en Aäronkerk
ormt een waardige achtergrond
oor de vlooienmarkt.

Oben: die Waag, ein aus dem
fünfzehnten Jahrhundert
stammendes Torhaus der
ursprünglichen Stadtbefestigung.
Im siebzehnten Jahrhundert
wurde es in ein Wäge- und
Gildenhaus umgewandelt und
später in zwei Museen: das
Amsterdamer Geschichtsmuseum
und das Jüdische Museum.
Rechts: die Moses- und
Aaronkirche, einen stattlichen
Hintergrund für den Flohmarkt.

Ci-dessus: le Waag, la loge de
garde du quinzième siècle des
ramparts originaux de la ville.
Au dix-septième siècle, elle
devint une maison de pesage
et de corporation et plus tard
deux musées: le musée
historique d'Amsterdam et le
Musée Juif. A droite: L'Eglise
Moïse et Aaron forme un
arrière-plan majestueux au
Marché aux Puces.

Most experts agree that
Amsterdam is the antiques
capital of Europe. And there
can be no doubt that this quiet
street, the Spiegelgracht, is the
centre of the trade in
Amsterdam.

De meeste deskundigen zijn het
er over eens, dat Amsterdam
de Europese hoofdstad voor
antiek is. En de stille
Spiegelgracht vormt
ongetwijfeld het centrum van
deze handel in Amsterdam.

Nach Ansicht der meisten
Fachleute ist Amsterdam das
Zentrum des
Antiquitätenhandels von
Europa. Und zweifellos ist
diese ruhige Strasse, die
Spiegelgracht, das Zentrum
dieses Handels in Amsterdam.

La plupart des experts sont
d'accord qu'Amsterdam est la
capitale de l'Europe en ce qui
concerne les antiquités. Et
il ne peut y avoir aucun doute
que cette rue tranquille, le
Spiegelgracht, en soit le
centre à Amsterdam.

Museums

The Museums of Amsterdam house the fruits of a cultural revolution that began in Holland in the seventeenth century and continue to the present day. Rembrandt is the essence of the 'Golden Age' of Dutch painting, but the tradition includes such recent Dutch artists as Van Gogh and Piet Mondrian. There is no simple explanation for the greatness of the early Dutch artists, but it is worth recalling that the same middle-class merchants who built the city were the patrons of the new art. Their tastes were not the tastes of the Church and the royal courts, which were the traditional patrons of art in the rest of Europe. Right: the Rijksmuseum from the Spiegelgracht.

Musea

De musea van Amsterdam weerspiegelen de culturele revolutie, die in de zeventiende eeuw in Nederland begon, en voortduurt tot de huidige dag. Het werk van Rembrandt vormt de kern van de Gouden Eeuw in de Nederlandse schilderkunst, maar de traditie werd voortgezet door de recente schilders Van Gogh en Piet Mondriaan. De grootheid van de vroeg-Nederlandse kunstenaars is niet eenvoudig te verklaren, maar het is van belang om er op te wijzen, dat dezelfde kooplieden, die de stad bouwden, ook de beschermers waren van de nieuwe kunst. Hun smaak kwam niet overeen met die van de Kerk en het Hof, die de traditionele beschermers waren van de kunst in de rest van Europa. Rechts: het Rijksmuseum, gezien vanaf de Spiegelgracht.

Museen

Die Museen von Amsterdam beherbergen die Früchte einer Kulturrevolution, die in Holland im siebzehnten Jahrhundert begann und bis zur Gegenwart andauert. Rembrandt ist die Krönung des „Goldenen Zeitalters" der holländischen Malerei, aber diese Tradition setzt sich bis zu neueren holländischen Künstlern wie van Gogh und Piet Mondrian fort. Es gibt keine einfache Erklärung für die Grösse der frühen holländischen Künstler, doch verweist man gern auf die Tatsache, dass die gleichen Kaufleute der Mittelklasse, welche die Stadt bauten, die Gönner der neuen Kunst waren. Ihr Geschmack war nicht der Geschmack der Kirche und der Fürstenhöfe, welche die traditionellen Gönner der Kunst im übrigen Europa waren. Rechts: das Rijksmuseum von der Spiegelgracht.

Musées

Les musées d'Amsterdam abritent les fruits d'une révolution culturelle qui commença en Hollande au dix-septième siècle et continue jusqu'à nos jours. Rembrandt est l'essence de 'l'âge d'or' de la peinture hollandaise mais la tradition comprend des artistes hollandais récents tels que Van Gogh et Piet Mondrian. La grandeur des artistes hollandais primitifs ne s'explique pas simplement, mais il est bon de se rappeler que ces mêmes marchands de la bourgeoisie qui bâtirent la ville furent les mécènes de l'art nouveau. Leurs goûts n'étaient pas ceux de l'Eglise et des cours royales qui étaient les mécènes traditionnels des arts dans le reste de l'Europe. A droite: vue du Rijksmuseum prise du Spiegelgracht.

'The Staalmeesters' (Syndics of the Drapers' Guild), painted by Rembrandt for the old Cloth Hall, is now in the Rijksmuseum.

„De Staalmeesters" van Rembrandt, geschilderd voor de oude Lakenhal, hangt nu in het Rijksmuseum.

Die „Staalmeesters" (Vorsteher der Tuchmachergilde), von Rembrandt für die alte Tuchhalle gemalt, befindet sich jetzt im Rijksmuseum.

Les 'Staalmeesters' (Syndics de la Corporation des Drapiers) peint par Rembrandt pour le vieux Hall des Drapiers, est maintenant au Rijksmuseum.

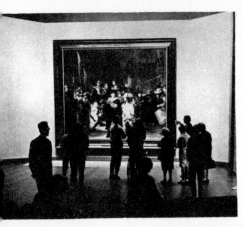

The most valuable painting ever on canvas, Rembrandt's enormous masterpiece, 'The Night Watch'. Rijksmuseum.

„De Nachtwacht", het grote meesterwerk van Rembrandt in het Rijksmuseum, is het meest waardevolle schilderij ooit op doek gezet.

Das wertvollste Gemälde, das es je auf einer Leinwand gab, Rembrandts riesiges Meisterwerk „Die Nachtwache". Rijksmuseum.

Le tableau le plus précieux, le chef d'oeuvre monumental de Rembrandt 'Garde de Nuit' au Rijksmuseum.

Two rooms in the Rijksmuseum
that have neither Dutch masters
nor tourists.

Twee zalen in het Rijksmuseum
waar men Nederlandse meesters
noch toeristen ziet.

Zwei Räume im Rijksmuseum
enthalten weder holländische
Meister noch Touristen.

Deux salles du Rijksmuseum
qui n'ont ni maîtres hollandais
ni touristes.

Rembrandthuis, where the artist lived from 1639 to 1658, now contains the world's largest collection of his etchings and some of his copper printing plates. The interior is a reproduction of the style of the seventeenth century.

Het Rembrandthuis, waar de kunstenaar woonde van 1639 tot 1658, bevat nu de grootste collectie ter wereld van zijn etsen en enige van zijn kopergravures. Het interieur is in zeventiende-eeuwse stijl.

Rembrandthuis, wo der Künstler von 1639 bis 1658 lebte, enthält jetzt die grösste Sammlung der Welt seiner Radierungen und einige seiner Kupferplatten. Das Innere ist eine Nachbildung des Stils des siebzehnten Jahrhunderts.

La Maison de Rembrandt où l'artiste habita de 1639 à 1658, contient maintenant la plus grande collection du monde de ses estampes et de ses planches de cuivre. L'intérieur est une reproduction du style du dix-septième siècle.

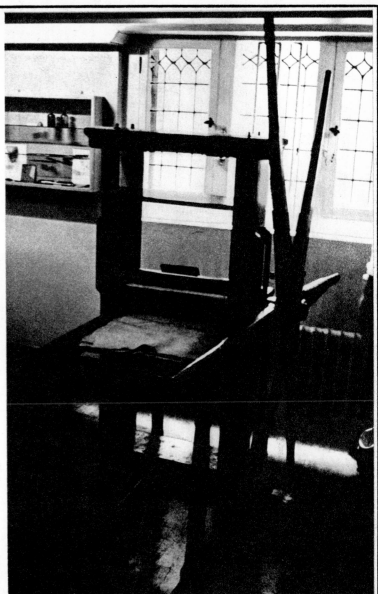

The Stedelijk Museum, which
houses one of the finest
collections of modern paintings
in the world, also has some
interesting modern sculpture,
such as these works by André
Volten (left) and Renoir
(below).

Het Stedelijk Museum bevat
een van de fraaiste collecties
van moderne schilderijen ter
wereld, evenals enige
interessante moderne
beeldhouwwerken, zoals deze
werken van André Volten
(links) en Renoir (beneden).

Das Stedelijk-Museum enthält
eine der schönsten Sammlungen
moderner Gemälde in der
ganzen Welt und auch einige
interessante moderne
Skulpturen, sowie diese Werke
von André Volten (links) und
Renoir (unten).

Le Stedelijk Museum, qui abrite
une des plus belles collections
de peinture moderne du monde,
contient également des
sculptures modernes
intéressantes, comme ces
oeuvres par André Volten
(à gauche) et Renoir
(ci-dessous).

Mr Asscher, of Asscher's Diamond Company, holding a model of the Cullinan Diamond.

De heer Asscher van Asscher's Diamantbedrijven toont een model van de Cullinan-diamant.

Herr Asscher von Asscher's Diamond Company mit einem Modell des Cullinan-Diamanten.

M. Asscher, de la Compagnie de Diamant Asscher tenant un modèle du Diamant Cullinan.

A skilled worker in Mr Asscher's diamond-cutting factory.

Ein Spezialist in Herrn Asschers Diamantenverarbeitungsbetrieb.

Een vakman aan 't werk in het diamantbedrijf van de heer Asscher.

Un ouvrier spécialisé à l'usine de taille de diamants de M. Asscher.

Waitress taking a break.

Een dienster rust even uit.

Kellnerin in einer Arbeitspause.

Serveuse pendant un moment de répit.

Nightclub singer.

Zangeres in een nachtclub.

Nachtklubsängerin.

Chanteuse de Boîte de Nuit.

Bartenders in De Silveren Spieghel.

Barkeepers in De Silveren Spieghel.

Barkellner in De Silveren Spieghel.

Barman au De Silveren Spieghel.

Tourist in the Rijksmuseum.

Een toerist in het Rijksmuseum.

Tourist im Rijksmuseum.

Touriste au Rijksmuseum.

Antique seller.

Een antiekhandelaar.

Antiquitätenhändler.

Antiquaire.

Cyclist in the snow.

Fietser in de sneeuw.

Radfahrer im Schnee.

Cycliste dans la neige.

St Nicholas/Oude Kerk

St Nicholas' church was named after the patron saint of Amsterdam's sailors.

De St Nicolaaskerk/ De Oude Kerk

De St Nicolaaskerk werd genoemd naar de beschermheilige van de Amsterdamse zeelieden.

St Nikolaus/die Oude Kerk

St Nikolaus-Kirche wurde nach dem Schutzpatron der Amsterdamer Seeleute benannt.

St Nicolas/le Oude Kerk

Saint Nicolas église fut nommée après le Saint Patron des Marins d'Amsterdam.

The little round tower (below) that sits near the base of St Nicholas' is the 'Tower of Tears', so named because it was the place where women gathered to bid farewell to their seafaring men. It bears a plaque (right) commemorating the first voyage to the East Indies in 1595.

De kleine ronde toren (beneden) aan de voet van de St. Nicolaaskerk heet de Schreierstoren, en is zo genoemd omdat daar de vrouwen bijeenkwamen om afscheid te nemen van hun mannen, die naar zee gingen. Een gevelsteen herinnert aan de eerste zeereis naar Oost-Indië in 1595.

Der kleine runde Turm (unten) am Fusse von St Nikolaus ist der „Turm der Tränen", so genannt, weil sich dort die Frauen der Seeleute versammelten, um ihre Männer zu verabschieden. Er trägt eine Gedenktafel (oben) an die erste Reise nach Ostindien im Jahre 1595.

La petite tour ronde (ci-dessous) qui s'élève près de la base de l'église Saint Nicolas est la Tour des Larmes (le Schreierstoren), ainsi nommée parce que c'était l'endroit où les femmes se rassemblaient pour faire leurs adieux à leurs hommes partant en mer. Elle porte une plaque (ci-dessus) commémorant le premier voyage aux Indes Orientales en 1595.

The Oude Kerk (Old Church)
consecrated about 1300. Belo
from the top of the tower,
the most interesting view is o
the Oude Kerk's own
magnificent roof. Bottom righ
the massive carillon.

De Oude Kerk, die omstreeks
1300 werd gewijd. Boven:
Wat het meest opvalt vanaf
de Oude Kerkstoren is het
prachtige dak van de Oude
Kerk zelf. Rechts: het grote
carillon.

Die Oude Kerk (Alte Kirche)
geweiht etwa 1300. Oben: der
interessanteste Ausblick von
der Turmspitze ist der auf das
imponierende Dach der Oude
Kerk selbst. Rechts: das schwe
Glockenspiel.

Le Oude Kerk (Vieille Eglise)
consacrée vers 1300. Ci-dessus
prise du haut de la tour, la
vue la plus intéressante est
l'un des propres toits
magnifiques de Oude Kerk.
A droite: le massif carillon.

d Man's House Gate/
gijnhof

e Oudemanhuis poort (Old
n's House Gate), left, is the
rance to the Old Men's and
d Women's Home, built in
ut 1601. The gate is now
arcade, lined with second
nd bookstalls, leading to the
iversity.
e Begijnhof built between
: fifteenth and seventeenth
turies, was originally
ended to house the Beguins —
Roman Catholic order for
men. Today it is a home
unmarried ladies.
ght: entering the Begijnhof.

udemanhuispoort/
r Begijnhof

e Oudemanhuispoort
ltmännerhaustor), links, ist
r Eingang zu dem etwa 1601
bauten Haus für alte Männer.
as Tor ist jetzt eine Arkade mit
ichantiquariaten, die zur
niversität führt.
er zwischen dem fünfzehnten
d siebzehnten Jahrhundert
baute Begijnhof beherbergte
sprünglich die Beginen, einen
misch-katholischen
rauenorden. Heute ist er ein
eim für unverheirateten
rauen.
echts: Eingang in den
eginenhof.

De Oudemanhuispoort/
Het Begijnhof

De Oudemanhuispoort (links)
vormt de ingang van het
oudemannenhuis en werd
gebouwd omstreeks 1601. De
poort vormt nu een overdekte
gallerij met boekenstalletjes
voor tweedehands boeken en
leidt naar de universiteit. Het
Begijnhof, was oorspronkelijk
bedoeld als woonplaats voor
de Begijnen, een rooms-
katholieke vrouwenorde. Nu
is het een woonplaats voor
ongehuwde dames.
Rechts: ingang tot de
Begijnhof.

Le Oudemanhuispoort/
le Begijnhof

A gauche, le Oudemanhuispoort
(La loge de garde du vieillard)
est l'entrée de la Maison de
Retraite pour hommes et
femmes, construite vers 1601.
L'entrée est maintenant une
arcade bordée d'étalages de
bouquinistes conduisant
à l'université. Le Begijnhof
construit entre les quinzième
et dix-septième siècles devait
à l'origine recevoir les
Béguines, un ordre catholique
pour les femmes. De nos jours,
c'est un Foyer pour des dames
non mariées. A droite:
entrée du Begijnhof.

Looking across the Begijnhof square to the
oldest house in Amsterdam (below, third
house from the right, and opposite, right).
The wedding group is from one of the
Begijnhof's two churches.

Het Begijnhof met gezicht op het oudste
huis in Amsterdam (beneden, derde huis
van rechts, en hiernaast rechts). De
trouwpartij komt uit één van de twee
kerken op het Begijnhof.

Blick über den Begijnhofplatz auf das
älteste Haus in Amsterdam (unten, drittes
Haus von rechts, und gegenüber, rechts).
Die Hochzeitsgruppe kommt von einer
der zwei Kirchen des Begijnhof.

Vue du Begijnhof avec la plus vieille
maison d'Amsterdam (ci-dessous,
troisième maison à partir de la droite, et en
face, à droite). Une noce à l'une des deux
églises dans le Begijnhof.

After dark
Some of the after-dark
attractions that make
Amsterdam a playboy's
paradise.

's Avonds
Enige van de nachtelijke
attracties, die Amsterdam
stempelen tot een dorado
voor playboys.

Nach der Dämmerung
Einige der nächtlichen
Attraktionen, die Amsterdam.
zu einem Paradies für
Playboys machen.

Le soir
Quelques-unes des
attractions nocturnes qui
font d'Amsterdam un paradis
pour 'play-boys'.

The night-life of Amsterdam covers an enormous range from the sedate entertainment of the concert hall to the frenetic bright lights of the cabarets. The Concertgebouw Orchestra is one of the finest in the world, and it is heard at its best in the magnificent Concertgebouw building, which is among the world's most acoustically perfect concert halls.
The members of the audience shown here are opera lovers seen at the Municipal Theatre in the Leidseplein.

Het amusementsleven van Amsterdam is erg uitgebreid en varieert van de rustige ontspanning in de concertzaal tot de verblindende lichten van de cabarets. Het Concertgebouw-orkest is wereldberoemd en komt het best tot zijn recht in het prachtige Concertgebouw, dat tot de concertzalen met de beste akoestiek ter wereld behoort. Dit publiek bestaat uit operaliefhebbers in de Stadsschouwburg aan het Leidseplein.

Das Nachtleben von Amsterdam ist ausserordentlich vielseitig und reicht vom stillen Kunstgenuss in der Konzerthalle bis zum grellen Licht der Vergnügungsstätten. Das Concertgebouw-Orchester ist eines der besten in der ganzen Welt und am eindrucksvollsten im Concertgebouw-Gebäude zu hören, das zu den akustisch perfektesten Konzerthallen der Welt gehört.
Die hier gezeigten Zuhörer sind Opernliebhaber im Stadttheater in der Leidseplein.

Les amusements nocturnes d'Amsterdam sont extrêmement variés du spectacle sérieux de la salle de concert aux lumières éblouissantes des cabarets. L'Orchestre du Concertgebouw est l'un des plus remarquables au monde, et on l'apprécie le mieux dans le magnifique bâtiment du Concertgebouw qui est parmi les salles de concerts possédant l'acoustique la plus parfaite.
Les membres de l'auditoire que l'on voit ici sont des amateurs d'opéra au Théâtre Municipal sur le Leidseplein.

The Zoo

The Artis Zoo delights
children for a variety of reasons—
not least of which are the small
animals in the children's zoo.

De dierentuin

Kinderen hebben veel plezier
in Artis om verschillende
redenen, maar speciaal met de
kleine dieren in de
kinderboerderij.

Der Zoo

Der Artis-Zoo entzückt Kinder
aus den verschiedensten
Gründen — nicht zuletzt wegen
der kleinen Tiere im Kinderzoo.

Le Zoo

Le Zoo Artis enchante les
enfants pour bien des raisons
dont les petits animaux du zoo
pour enfants n'est pas la
moindre.

Churches

Some of Amsterdam's many places of worship. Far left: the Oude Kerk or Old Church (top) and the Westerkerk or Western Church (bottom), where Rembrandt was buried. Centre: The Nieuwekerk or New Church, consecrated in 1408. Near left: the Posthoorn Church (top) and the Portuguese Synagogue (bottom). One of the largest in the world, it was the centre of community life for the Portuguese Jews who fled to Holland at the time of the Inquisition.

Kerken

Een paar van de vele bedehuizen van Amsterdam. Geheel links: de Oude Kerk (boven) en de Westerkerk (beneden), waar Rembrandt begraven is. Midden: de Nieuwe Kerk, gewijd in 1408. Hiernaast links: de Posthoornkerk. Beneden: de Portugese Synagoge, een der grootste ter wereld, was het centrum van gemeenschapsleven voor de Portugese joden, die naar Nederland vluchtten in de tijd van de inquisitie.

Kirchen

Einige der vielen Andachtsstätten in Amsterdam. Ganz links: die Oude Kerk oder Altkirche (oben) und die Westerkerk oder Westkirche (unten), wo Rembrandt beigesetzt wurde. Mitte: die Nieuwekerk oder Neue Kirche geweiht im Jahre 1408. Mitte links: die Posthoornkirche. Unten: die Portugiesische Synagoge, eine der grössten in der Welt, war der Mittelpunkt des Gemeindelebens der portugiesischen Juden, die zur Zeit der Inquisition nach Holland flohen.

Eglises

Quelques-uns des nombreux édifices du culte d'Amsterdam. Extrême gauche: Le Oude Kerk (en haut) et le Westerkerk ou Eglise Occidentale (en bas) où fut enterré Rembrandt. Au centre: La Nieuwekerk ou Eglise Nouvelle, consacrée en 1408. A gauche: L'église Posthoorn. En bas: La Synagogue Portugaise une des plus grandes du monde était le centre de la vie de communauté des Juifs Portugais qui se réfugièrent en Hollande au moment de l'Inquisition.

The only blemish on Amsterdam's long history of religious·tolerance is the spell of anti-Catholic feeling that accompanied the Reformation. Catholics held clandestine meetings in attic churches such as this one, known as 'Our Lord in the Attic'.

De enige smet op het Amsterdamse verleden van religieuze verdraagzaamheid was een korte tijd van anti-katholieke gevoelens gedurende de reformatie. De katholieken hielden clandestiene samenkomsten in schuil- of zolderkerken zoals deze, die bekend staat als O. L. Heer op Solder.

La seule imperfection dans la longue histoire de tolérance religieuse d'Amsterdam est la période de sentiments anti-catholiques qui accompagnèrent la Réformation. Les Catholiques tenaient des réunions clandestines dans des greniers transformés en églises telles que celle-ci connue sous le nom de 'Notre Seigneur dans le Grenier'.

Der einzige Makel in Amsterdams lange Geschichte religiöser Toleranz ist eine ku Zeit antikatholischer Gefühle während d Reformation. Die Katholiken heimliche Zusammenkünfte in Dachbodenkirchen v dieser abhielten, die ,,Unser Herr auf de Dachboden" heisst.

Interiors

Amsterdam's interiors might be expected
to be good, simply because of the city's
very high domestic standards. The Willet-
Holthuysen Museum, shown here, is a
private house of the seventeenth century
containing rich collections of furniture and
a fine library.

Interieurs

Men mag verwachten, dat de Amsterdamse
interieurs er goed uitzien, omdat de
levensstandaard hier zeer hoog was. Het
Museum Willet-Holthuysen, dat hier is
afgebeeld, is een herenhuis uit de gouden
eeuw en bevat een prachtige verzameling
meubilair en een mooie bibliotheek.

Interieurs

Von Innenräumen in Amsterdam darf man
erwarten, dass sie gut sind, einfach weil die
Stadt ein sehr hohes Niveau der Wohnkultur
besitzt. Das hier gezeigte Willet-
Holthuysen-Museum ist ein Privathaus aus
dem siebzehnten Jahrhundert, das reiche
Sammlungen an Mobiliar und eine schöne
Bibliothek enthält.

Intérieurs

On peut s'attendre à ce que les intérieurs
d'Amsterdam soient confortables
simplement à cause des niveaux
domestiques très élevés de la ville. Le
Musée Willet-Holthuysen, illustré ici, est
une maison particulière du dix-septième
siècle contenant de riches collections de
meubles et une belle bibliothèque.

The official residence of the Burgomaster of Amsterdam, Herengracht 502, originally the home of a wealthy seventeenth-century merchant, is furnished mainly in the style of the eighteenth century.

De ambtswoning van de burgemeester van Amsterdam, Herengracht 502, eens het huis van een welgestelde zeventiende-eeuwse koopman.

Die offizielle Residenz des Bürgermeisters von Amsterdam, Herengracht 502, ursprünglich das Haus eines wohlhabenden Kaufmanns des siebzehnten Jahrhunderts, ist hauptsächlich im Stil des achtzehnten Jahrhunderts ausgestattet.

La résidence officielle du Bourgmestre d'Amsterdam, Herengracht 502, autrefois la maison d'un riche marchand du dix-septième siècle, est meublée en grande partie dans le style du dix-huitième siècle.

dern Dutch interiors.

derne Nederlandse interieurs.

derne holländische Innenräume.

érieurs Hollandais modernes.

Anne Frank House

Prinsengracht 263, where Anne Frank and her family hid for two years before the Nazis found them and sent them along with other Dutch Jews to extermination camps. In her famous diary, Anne wrote that as long as she could see sunshine from her open window she could not be unhappy. Today the house is a meeting place for youth from all nations.

Het Anne Frank Huis

Het huis Prinsengracht 263, waarin Anne Frank en haar familie gedurende twee jaar waren ondergedoken vóór de nazi's hen tezamen met andere Nederlandse joden wegvoerden naar uitroeiingskampen. Anne schreef in haar beroemd geworden dagboek, dat ze niet ongelukkig kon zijn zolang ze de zon nog door haar open raam kon zien schijnen. Nu is het Anne Frank Huis een ontmoetingspunt voor jongeren uit alle landen.

Anne-Frank-Haus

Prinsengracht 263, das Haus, in dem sich Anne Frank und ihre Familie zwei Jahre lang verbargen, bis die Nazis sie fanden und zusammen mit anderen holländischen Juden in Vernichtungslager verschleppten. In ihrem berühmten Tagebuch schrieb Anne Frank, so lange sie den Sonnenschein von ihrem offenen Fenster aus sähe, könne sie nicht unglücklich sein. Heute ist das Haus ein Treffpunkt für die Jugend aller Völker.

Maison d'Anne Frank

Prinsengracht 263, où Anne Frank et sa famille se cachèrent pendant deux ans avant d'être découvertes par les Nazis et envoyées avec d'autres juifs hollandais dans les camps d'extermination. Dans son fameux journal, Anne écrivit que tant qu'elle pouvait voir briller le soleil de sa fenêtre ouverte elle ne pouvait pas être malheureuse. Aujourd'hui, la maison est le lieu de réunion de jeunes de tous les pays.

Modern Amsterdam

Modern building in Amsterdam is often ignored. The seventeenth-century architecture of the Centrum is so enchanting that almost anything compares unfavourably with it. Let it be said that there is a lot of good modern building in Amsterdam. But even the less good — with its stark contours and bleak landscaping — is improved and enhanced by Amsterdam's greatest asset — water. Right: a modern development at Slotermeer, on the southwest edge of the city.

Modern Amsterdam

Naar moderne gebouwen wordt in Amsterdam vaak weinig gekeken. De zeventiende-eeuwse bouwkunst in het centrum is zo sierlijk, dat vrijwel alles er ongunstig bij afsteekt. Toch moet er op worden gewezen, dat er veel mooie moderne gebouwen zijn in Amsterdam. Maar zelfs de minder aantrekkelijke voorbeelden met hun strakke contouren en povere omlijsting worden aantrekkelijker en fraaier door het water: de glorie van Amsterdam! Rechts: moderne woningbouw in Slotermeer in het zuidwesten van de stad.

Das moderne Amsterdam

Moderne Bauten in Amsterdam werden oft übersehen. Die aus dem siebzehnten Jahrhundert stammende Architektur des Stadtkerns ist so bezaubernd, dass fast alles daneben einen ungünstigen Eindruck macht. Hier sei gesagt, dass es viele gute moderne Bauten in Amsterdam gibt. Aber selbst die weniger guten — mit ihren nüchternen Umrissen und einfacher Geländegestaltung — werden durch Amsterdams grösstem Vorzug, die Wasserflächen, verbessert und verschönert. Rechts: moderne Bauten in Slotermeer am Südwestrand der Stadt.

Amsterdam moderne

A Amsterdam, on ignore souvent l'architecture moderne. L'architecture du dix-septième siècle du Centrum est si ravissante qu'auprès d'elle presque tout crée une comparaison défavorable. Disons qu'il existe à Amsterdam un grand nombre de bâtiments modernes de qualité. Mais même les moins bons — avec leurs contours nus et le paysage désert — sont améliorés et mis en valeur par le plus grand atout que possède Amsterdam — l'eau. A droite: un développement moderne à Slotermeer, à la limite sud-ouest de la ville.

Right: flats near Oosterpark. Far right:
a block on the Weesperstraat and a bridge
on the Nieuwe Herengracht.

Rechts: flats bij het Oosterpark. Geheel
rechts: flats aan de Weesperstraat en een
brug over de Nieuwe Herengracht.

Rechts: Wohnungen bei dem Oosterpark.
Aussen rechts: Block an der Weesperstraat
und eine Brücke an der Nieuwe Herengracht.

A droite: appartements près du Oosterpark.
Extrême droite: un bloc dans le
Weesperstraat et un pont sur le Nieuwe
Herengracht.

Sculpture at Schiphol, the new international airport, one of the most modern and efficient in the world.

Beeldhouwwerk op Schiphol, het nieuwe internationale vliegveld, dat tot de meest moderne en efficiënte luchthavens ter wereld behoort.

Skulptur in Schiphol, dem neuen
internationalen Flughafen, einem der
modernsten und leistungsfähigsten in der
Welt.

Sculpture à Schiphol, le nouvel aérodrome
international, un des plus modernes et
efficients du monde.

Right: a modern totem pole in
Exhibition Centre, Europaplein. The other
pictures are of Slotermeer, where shopping
is done from mobile vans because shops are
so few and far between.

Rechts: een moderne totempaal in het
Tentoonstellingscentrum op het
Europaplein. De andere foto's werden
genomen in Slotermeer, waar de
huisvrouw haar inkopen doet in rijdende
winkels vanwege de grote afstanden naar
de winkels zèlf.

Rechts: ein moderner Totempfahl im
Ausstellungszentrum Europaplein. Die
anderen Bilder zeigen Slotermeer, wo die
Einwohner an Lieferwagen einkaufen, da es
nur wenige und entfernte Geschäfte gibt.

A droite: un poteau à totem moderne au
Centre d'Exposition, Europaplein. Les
autres illustrations montrent Slotermeer
où l'on s'approvisionne à des boutiques
mobiles parce que les magasins sont rares
et éloignés les uns des autres.

121

A seventeen-course meal in
an Indonesian restaurant.

Een maaltijd, bestaande uit
zeventien verschillende
gerechten in een Indonesisch
restaurant.

Eine Mahlzeit von siebzehn
Gängen in einem indonesischen
Restaurant.

Un repas de dix-sept plats
dans un restaurant
Indonésien.

An old custom at Wynand
Fockinck's famous tasting
house, where glasses are filled
to the brim with Dutch liqueurs.

Een eerwaardige traditie in de
proefkamer van de firma Wynand
Fockink, waarbij de glazen
tot aan de rand worden gevuld
met Nederlandse likeuren.

Ein alter Brauch in Wynand
Fockincks berühmter Probierstube,
wo die Gläser mit holländischen
Likören randvoll gefüllt werden.

Une vieille coutume dans la
célèbre maison de dégustation
de Wynand Fockinck où les
verres sont remplis jusqu'au
bord de liqueurs hollandaises.

Left: Wynand Fockinck's tasting house Below left: the De Druif tavern. Below: Heineken's bottling plant.

Links: proeflokaal van de firma Wynand Fockink. Beneden links: de taveerne, genaamd „de Druif". Beneden: Heineken's bierbrouwerij.

Links: Wynand Fockincks Probierstube. Unten links: die De Druif-Taverne. Unten: Heinekens Abfüllanlage.

A gauche: la maison de dégustation de Wynand Fockinck. Ci-dessous à gauche: La taverne De Druif. Ci-dessous: installation de Mise en bouteille de Heineken.

Fresh raw herring, the city's
speciality, can be bought from
a street vendor, or ready-to-eat
from a snack bar.

Verse gezouten haring is een
specialiteit van Amsterdam.
Men koopt ze van een koopman
op straat of klaargemaakt in
een winkel.

Frische Heringe, die
Spezialität der Stadt, können
bei einem Strassenhändler oder
gleich zubereitet an einem
Imbisstand gekauft werden.

On peut acheter les harengs
frais crus, une spécialité de la
ville, à un étalage dans la rue
ou à des snack bars prêts
à déguster.

Shopping Winkelen Einkaufen Achats

Shopping is sometimes a special passion or duty, often an aimless pleasure. Special passions or duties require special shops like the only herb shop in Amsterdam, founded in 1743 (left). Below: the Delft showrooms in the Mint Tower, the largest collection of all types of Delftware. To feed the intellectual passions (right) a bookshop in the Kalverstraat. And the requirements of the body are filled most deliciously by the delicatessen in De Bijenkorf, Amsterdam's biggest department store.

Winkelen wordt vaak bepaald door voorkeur of plicht; soms is het een verdeeld genoegen. Speciale wensen of plichten vragen om speciale winkels zoals de enige kruidenwinkel in Amsterdam, welke geopend werd in 1743 (links). Boven: de toonkamers met Delfts aardewerk in de Munttoren, welke de grootste verzameling bevatten van alle soorten Delfts aardewerk. Om het intellect te bevredigen is er deze boekwinkel in de Kalverstraat (boven). En aan de verlangens van de maag kan op een prettige manier worden tegemoetgekomen met de delicatessen in de Bijenkorf, het grootste warenhuis van Amsterdam (rechts).

Das Einkaufen ist manchmal eine besondere Leidenschaft oder Pflicht, oft ein zielloses Vergnügen. Besondere Leidenschaften oder Pflichten erfordern besondere Geschäfte— wie die einzige Kräuterhandlung in Amsterdam, gegründet 1743 (links). Oben: die Delfter Ausstellungsräume im Münzturm, die grösste Sammlung aller Arten von Delfter Erzeugnissen. Zur Befriedigung geistiger Bedürfnisse eine Buchhandlung in der Kalverstraat (oben). Und den leiblichen Bedürfnissen geschieht auf hervortragende Weise in der Delikatessenabteilung von De Bijenkorf (rechts) Genüge, dem grössten Kaufhaus Amsterdams.

Les achats, c'est quelquefois une passion ou une tâche spéciale, souvent un plaisir sans but. Les passions ou tâches spéciales demandent des magasins spéciaux comme l'unique boutique d'herbes aromatiques à Amsterdam, fondée en 1743 (à gauche). Ci-dessus: Les salons d'exposition de Delft à la Tour de la Monnaie, la plus grande collection de tous les genres d'articles de Delft. Pour satisfaire les passions intellectuelles (en haut), une librairie dans le Kalverstraat. Et les besoins matériels sont satisfaits le plus délicieusement par les friandises dans De Bijenkorf, le plus important des grands magasins d'Amsterdam.

Shopping in and around the
Kalverstraat.

Winkelen in de omgeving van
de Kalverstraat.

Einkäufe in und um die
Kalverstraat.

Des achats dans et près de
Kalverstraat.

Amsterdammers at large
De Amsterdammers
Amsterdamer unterwegs
Amstellodamois au large

...msterdammers. Girls, painting souvenir
...ooden clogs (left), and watching the
...otographer watch them.

...msterdammers. De meisjes schilderen
...uten souvenir-klompjes (links), maar
...ouden een oogje op de fotograaf.

...msterdamer. Mädchen bemalen
...olzschuhe als Andenken (links) und sehen
...m Photographen zu, wie er ihnen zusieht.

...es Amstellodamois. Jeunes filles en train
... peindre des sabots de bois souvenirs
...gauche) et d'observer le photographe
...i les observe.

At the National Ballet.   Het Nationale Ballet.   Beim Nationalballett.   Au Ballet National.

Waiting for friends to arrive
at the airport . . . and for
strangers to pass on the bridge.

Uitzien naar vrienden op het
vliegveld . . . en kijken naar
de vreemdelingen die
voorbijgaan over de brug.

Auf die Ankunft von Freunden
im Lufthafen warten . . . und
auf das Weitergehen von
Fremden auf der Brücke.

En train d'attendre l'arrivée
d'amis à l'aérodrome . . . ou que
des étrangers passent sur le
pont.

Winter landscape

Winter. Falling snow fills the city with a new kind of light and almost blots out Central Station.

Wintertooi

Winter. De vallende sneeuw hult de binnenstad in een nieuw licht en maakt het Centraal Station haast onzichtbaar.

Winterlandschaft

Winter. Der fallende Schnee erfüllt die Stadt mit einer neuen Art von Licht und verhüllt fast den Hauptbahnhof.

Paysage d'hiver

L'hiver. Une chute de neige revêt la ville d'une nouvelle sorte de lumière et efface presque la Gare Centrale.

ember snowfall on the
uliersgracht.

December. De Reguliersgracht
onder een sneeuwkleed.

Dezemberschnee auf der
Reguliersgracht.

Chute de neige en décembre
sur le Reguliersgracht.

Winter sports in a flat country
are limited to skating or pulling
your little sister along on her
sled. Slopes are difficult to find
and very popular.

Wintersport in een vlak land
is beperkt tot schaatsen en
sleetjerijden met je kleine zus.
Er zijn weinig heuvels, maar
die zijn dan ook zeer druk
bezocht.

Die Wintersportmöglichkeiten
in einem ebenen Land
beschränken sich auf das
Schlittschuhlaufen oder auf das
Ziehen der kleinen Schwester
in ihrem Schlitten. Abhänge
sind schwer zu finden und
gleich übervölkert.

Les sports d'hiver dans un pays
plat se limitent au patinage
sur glace ou à tirer sa petite
soeur sur sa luge. Les pentes
se trouvent difficilement et sont
très recherchées.

The Harbour

If it was the rich merchants who made Amsterdam, it was the harbour that made the merchants rich. In this protected inland haven, treasure-laden vessels were safe from both storms and pirates. In spite of the Netherlands' decline in the eighteenth century, the port is now the fifth largest in the world, receiving 8,500 sea-going vessels a year.

De Haven van Amsterdam

De welvarende kooplieden drukten hun stempel op Amsterdam, maar het was de haven, die hun de welvaart bracht. Rijkbeladen schepen waren goed beveiligd tegen storm en zeeroverij in deze beschutte haven. Niettegenstaande de teruggang van Nederland in de achttiende eeuw is deze haven toch altijd nog op vier na de grootste ter wereld met 8.500 zeeschepen per jaar.

Der Hafen

Wenn es die reichen Kaufleute waren, die Amsterdam schufen, dann war es der Hafen, der die Kaufleute reichmachte. In diesem geschützten Binnenhafen waren die mit Schätzen beladenen Schiffe vor Stürmen und Piraten sicher. Trotz des Abstiegs der Niederlande im achtzehnten Jahrhundert ist der Hafen jetzt der fünftgrösste der Welt, den jährlich 8.500 Seeschiffe aufsuchen.

Le port

Si ce sont les riches marchands qui ont construit Amsterdam, c'est le port qui a enrichi les marchands. Dans ce hâvre intérieur protégé, les vaisseaux remplis de trésors étaient à l'abri à la fois des tempêtes et des pirates. En dépit du déclin de la Hollande au dix-huitième siècle, le port est maintenant le cinquième port du monde, recevant 8.500 vaisseaux de haute-mer par an.

At night, the harbour building.

Het Havengebouw bij avond.

Das Hafengebäude in der Nacht.

Le bâtiment du port, la nuit.

At dusk, a few of the 579 harbour cranes.

Enige van de 579 havenkranen in de
avondschemering.

In der Dämmerung einige der 579
Hafenkräne.

Au crépuscule, quelques-unes des 579
grues du port.

At night, the harbour building.

Het Havengebouw bij avond.

Das Hafengebäude in der Nacht.

Le bâtiment du port, la nuit.

the outskirts

de buitenwijken

Rande der Stadt

banlieue

ing out of Amsterdam and
the country along the
stel.

rivier de Amstel brengt
van Amsterdam naar het
tteland.

Amsterdam an der Amstel
Land hinaus.

a sortie d'Amsterdam et
s la campagne le long du
stel.

At the outer limits. South:
a village and a mansion (far r
and left) on the Amstel.
North: new land, reclaimed
from the sea, and the Groot-
Noordhollandsch Kanaal (be
and above).

Aan de uiterste grens van de
stad. In het zuiden: een dor

en buitenhuis aan de
tel (rechts en geheel links).
et noorden: nieuw land,
vorsteld aan de zee, en het
ot-Noordhollandsch Kanaal
eden en links).

Stadtrand. Süden: ein
f und ein Wohnsitz (rechts
aussen links) an der Amstel.
den: neues Land, dem
r abgerungen, und der
ot-Noord hollandsch kanaal
ten und links).

limites extérieures. Au
un village et une maison
rgeoise à droite et à l'extrême
che sur le Amstel. Au Nord:
e nouvelle, reprise sur la mer
Groot-Noordhollandsch
aal (en bas et ci-dessus).

Index
Register